I0233376

ALBERT DE SIMORRE

TÊTES DE PIPES

Portraits de l'Agenais

FANTAISIES LITTÉRAIRES

Préface d'Évariste Carrance

AGEN

LIBRAIRIE DE LA « REVUE FRANÇAISE »

1900

BIBLIOTHÈQUE NATIONALE RF

ALBERT DE SIMORRE

TÊTES DE PIPES

Portraits de l'Agenais

FANTAISIES LITTÉRAIRES

246

Préface d'Evariste Carrance

AGEN
LIBRAIRIE DE LA « REVUE FRANÇAISE »

—

1900

8ᵉ Ye.
5283

PRÉFACE

———

Quel bénisseur, quel enjoleur, quel charmeur vous faites, mon cher de Simorre.

Et combien vos portraits.... politiques qui en contiennent si peu me semblent plaisants.

Le titre seul donné à votre œuvre écrite à l'emporte-pièce est un petit poëme d'élégance, de finesse et de causticité.

Il suffit d'être de vos amis — et vous n'en connaissez plus le nombre — pour être gentiment planté dans votre souvenir, prêt, au moment où la folle du logis se remue en votre bon garçonnisme, à devenir une amusante « tête de pipe ».

Mais vos têtes de pipes ne ressemblent pas à ces fameuses « têtes de turcs » sur lesquelles on se fait un devoir et quelquefois un doux plaisir de frapper.

Vos « têtes de pipes » sont caressées et cajolées avec infiniment de douceur et d'esprit.

Vous les défendez si elles sont entachées de ce crime commun, très courant, qui s'appelle la politique et, dare dare, comme dit Sœur Opportune dans les Mousquetaires au Couvent, vous les entourez des qualités privées les plus aimables, les plus charmantes, les plus exquises.

Grâce à vous, mon cher et excellent de Simorre, on est gaillardement et pompeusement baptisé de bon fils, bon père, bon époux — vous ne pouvez plus dire : bon garde national — et le reste.

Votre premier fascicule — car j'espère bien que vous ne vous arrêterez pas dans la route facile qui s'ouvre si gracieusement... devant vos amis —, votre premier fascicule contient une douzaine de portraits.

Je les énumère avec d'autant plus de plaisir et même de vanité, que vous m'avez fait les honneurs de votre petit « Landerneau » et que j'occupe dans votre œuvre une place que mon amitié pour vous avait seule le droit de revendiquer.

Oyez les noms, s'il vous plaît :

Armand Fallières, Georges Leygues, Joseph Chaumié, Philippe Dauzon, Louis Lagasse, de Lafitte-Lajoannenque, Gaston Pradelle, Evariste Carrance, etc., etc.

J'aurais dû, lecteurs — vous êtes trop polis pour m'en faire apercevoir — vous faire grâce de ma prose et vous dire un peu les vers de mon ami de Simorre.

Certains sont pleins de grâce et de majesté; d'autres ont le parfum de ce sel attique dont nos pères n'ont pas égaré le secret puisque l'auteur l'a si gentiment mis en valeur.

A propos de « Loupillon » où le Président du Sénat se repose parfois des fatigues du pouvoir, de Simorre a écrit :

> *C'est à Loupillon qu'il se montre aimable*
> *Pour tous les amis entourant sa table,*
> *Et pour eux toujours le couvert est mis.*
> *Il en attend un, mais il en vient dix.*
> *Ce qui réjouit l'excellent Fallières,*
> *L'homme sans façon, aux douces manières.*
> *Il en est de même au beau Luxembourg,*
> *Qui de Loupillon n'est que le faubourg !*

Vous le voyez, l'esprit donne des tons merveilleux aux « têtes de pipes » de M. de Simorre et il faut le remercier et le féliciter de l'avoir si aimablement répandu.

Il coule à pleins bords, charmant, bienveillant, gracieux, très amusant; on le souhaiterait plus incisif, on ne saurait le demander plus original et plus doux.

De Simorre est de l'école du poète lyrique de Téios qui fut honoré de l'estime de Polycrate, roi de Samos, pour ses poésies pleines de délicatesse et de goût.

Mais plus ambitieux qu'Anacréon, l'amitié d'un seul ne lui suffisant pas, il a conquis l'affection de tous les gascons de Gascogne et même des gascons de Paris.

Et il a raison d'en être très fier.

EVARISTE CARRANCE.

M. FALLIÈRES

PRÉSIDENT DU SÉNAT

———

C'est, je crois, le plus sympathique
Des hommes de la République,
Que le Président du Sénat,
Qui ne fût jamais renégat.
Honnêteté proverbiale !
Sa bonne face joviale,
Resplendissante de douceur,
Est bien l'insigne d'un grand cœur
Qui jamais ne connût la haine !
Nature affable et fort humaine,
On peut compter ses ennemis

Mais non le nombre des amis !
Esprit fin, causeur agréable,
Il sait tenir sa place à table :
D'une terrine de Nérac,
S'accomode son estomac.
Ce qu'il adore, à la campagne,
C'est une coupe de champagne,
Et surtout, en toute saison,
Le petit vin de Loupillon.
C'est à Loupillon qu'il se montre aimable
Pour tous les amis entourant sa table,
Et pour eux, toujours, le couvert est mis :
Il en attend un, mais il en vient dix,
Ce qui réjouit l'excellent Fallières,
L'homme sans façon, aux douces manières.
Il en est de même au beau Luxembourg,
Qui de Loupillon n'est que le faubourg....
Si bien qu'il mourra plus pauvre que riche
Et Dieu sait vraiment combien il s'en fiche !
Comme Richelieu, Fallières fait grand,
Ce n'est pas pour rien qu'il s'appelle Armand !
Il est Président, et, chose sinistre,
Il fut pour le moins douze fois Ministre,
J'ai beau rechercher dans tout le passé
Aucun député ne l'a dépassé !

Il est adoré dans son Assemblée,
Et nous le verrons, sûr, à l'Elysée.
Tous les gens sensés, dans le Parlement,
Donneront leur vote à l'homme éminent !
La chose est certaine autant que publique
Et m'en réjouis pour la République.

M. Georges LEYGUES

LE MINISTRE-POÈTE

———

Qu'il fasse un discours en Sorbonne,
Ou sur la tombe d'un grand mort,
Il ne sait pas faire mal donne,
Et détient toujours le record !
Jamais l'Instruction publique,
N'eût à sa tête plus grand cœur !
Il honore la République,
C'est un superbe séducteur !
Adoré de tous les artistes,
De toute l'Université,
Il a pour lui les journalistes,

Et son éloge est mérité.
Tout jeune encore, il fut poète,
Et poète de grand entrain,
Qui mit l'Académie en fête,
En faisant sa *Lyre d'airain* :
Des vers enflammés et superbes,
Dont on admire les couleurs,
Jaillirent comme un flot de gerbes,
Sachant réchauffer tous les cœurs !
Ils luisent comme une fournaise,
Il s'en dégage un élan fou ;
Puis, lorsque son âme s'apaise,
Il produit un joli bijou,
Tout débordant de poésie,
Qu'il nomma le *Coffret brisé*.
Devant cette œuvre on s'extasie,
Le poète s'est surpassé !
Que je maudis la politique,
Je la voudrais dans un cercueil !
Leygues sert bien la République,
Mais il met les Muses en deuil !
C'est pour elles un vrai sinistre,
Dont elles gémiront longtemps !
Il est si beau d'être Ministre,
Lorsque l'on vient d'avoir trente ans !

Cependant, lisez dans son âme,
Voyez son air, ses yeux voilés,
Il pense à la secrète flamme,
Aux beaux jours, aux soirs étoilés !
Ministre, poursuis ta carrière
Elle est grande et te fait honneur ;
Mais si tu rentres dans l'ornière,
Reviens aux Muses, fier rimeur,
Tu sais bien que tu fus l'idole,
Qu'elles aimaient éperdûment.
Elles attendent ta parole
Dans un muet ravissement !

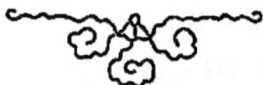

Me CHAUMIÉ

SÉNATEUR

C'est un avocat de grande éloquence,
Que Maître Chaumié, notre sénateur !
Sachant s'exprimer avec excellence,
Il séduit l'esprit, et ravit le cœur !
Qu'il plaide au Civil, ou bien en Assise,
Maître incontesté de tout le Midi,
Sa parole est noble et toujours assise,
Jamais son talent ne s'est refroidi.
Très grand partisan de la République,
Il est éloigné de tous les excès,
Et s'il est entré dans la politique,
C'est pour voir accroître encor ses succès,

Car lorsqu'au Sénat il parle en tribune,
Il sait se montrer parfait orateur,
Qui saura monter jusques à la lune !
Homme de bon sens, doublé d'un grand cœur !
Sachant conquérir une âme d'emblée,
Serviable et bon, véritable ami,
Il est fort goûté dans son Assemblée
Et n'y compte pas un seul ennemi !
Comme il sait porter un beau toast à table,
Adresser un speech aux jeunes époux !
Dans l'intimité, comme il est aimable !
Ce cher sénateur, au sourire doux !
Bientôt, c'est certain, il sera ministre,
Moi, j'attends ce jour avec anxiété,
Car s'il m'arrivait parfois un sinistre,
Il serait, je crois, bien vite écarté !

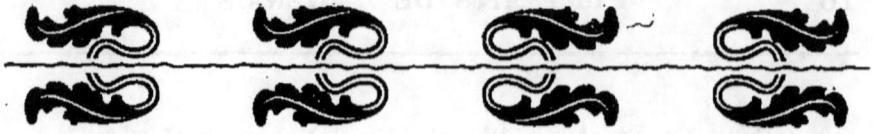

Le Député Philippe DAUZON

Il est député du pays des prunes !
Adorant la blonde ainsi que les brunes,
Son œil est perçant, couleur de corbeau,
Son rire malin et son nez fort beau !
Il est aquilin ! C'est une merveille !
Vous pourriez aller de Lille à Marseille,
Des pays brumeux à ceux du soleil,
Pour en trouver un qui lui fût pareil !
Son teint est fort mât, son oreille fine,
Son esprit subtil à mi-mot devine ;
C'est un fin causeur, disant bien les vers,
Et qui ne connût jamais de revers.
Très spirituel et fort galant homme,

Maniant l'épée en vrai gentilhomme
Il combat toujours très loyalement
Et bat son rival très courtoisement !
Comme un joli coq qui plaît à la poule
Tribun s'il le veut, il séduit la foule,
Toujours enlevant, sans cesse applaudi,
J'en connais plus d'un qui reste ébaudi !
Il parcourt, s'il faut, trente-six communes,
En moins de trois jours au pays des prunes.
Par un temps de vote, on le voit partout,
C'est un corps d'acier qui se prête à tout !
Energique et fier, sûr de sa parole,
L'électeur séduit, bien vite s'enrôle
Autour de son char et de son drapeau !
Et d'un qu'il était, il devient troupeau !
Avec courtoisie, il sait bien combattre
Et sera, je crois, difficile à battre !
Il fut député n'ayant pas trente ans,
Et le restera, ma foi bien longtemps,
Car il a bon œil et bonne mémoire !
Il suivit les cours du Conservatoire,
S'il devient ministre un jour, sûrement,
Il me donnera de l'avancement.

Mᵉ LAGASSE

DÉPUTÉ DE NÉRAC

Il a l'esprit d'Aurélien Scholl
Et vous regarde bien en face,
Le défenseur de Ravachol
Qui se nomme maître Lagasse !
C'est un avocat de renom,
Attachant comme l'est le lierre,
Il joint l'audace de Danton,
A l'astuce de Robespierre !
Il est député de Nérac !
Son œil noir est comme une vrille,
Quand il vous fixe, on a le trac,
Tant son regard éclate et brille.

Il plaida des procès fameux,
Dont tout le monde se rappelle
Et ses succès furent nombreux,
En police, en correctionnelle.
Comme il est malin comme un chat
Il connaît bien toutes les pistes,
Il défend tous les anarchistes,
Et jusqu'à l'assassin du Schad !
On a du plaisir à l'entendre,
Ayant de l'esprit à foison ;
S'il lui plaisait de l'entreprendre,
Il en revendrait à Dauzon.
Aimant tous deux à rire à boire
Il paraît qu'ils sont bons amis,
Jeunes tous deux ils font leur poire
A jeunesse il est tout permis.

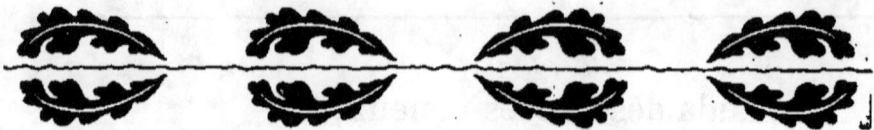

Gustave de LAFFITTE-LAJOANNENQUE

ANCIEN DÉPUTÉ

Ce robuste vieillard, à la figure austère,
Que vous voyez passer en ville, quelquefois,
Fut, dans nos temps troublés, un noble caractère
Ayant l'honnêteté des hommes d'autrefois !
Il ne fit pas de bruit dans sa longue carrière,
Mais fit beaucoup de bien, ce qui certes vaut mieux.
Et si son nom un jour doit tomber en poussière,
J'en sais qui garderont son souvenir pieux.
Lorsqu'il fut dégoûté de toute politique,
Il revint s'installer au château des aïeux
Respectant fort toujours sa chère République,

L'accablant de ses soins, ainsi que de ses vœux !
Il vit dans ce manoir comme un vrai patriarche,
Entouré de son frère et de beaucoup d'amis.
A l'abri des autans, comme Noé dans l'arche,
Faisant beaucoup de blé, surtout des vins exquis ;
Et, lorsque quelquefois, je m'asseois à sa table,
Où les quatre réchauds s'étalent somptueux,
Je bois à la santé de l'homme vénérable,
Très charitable et bon, autant que vertueux,
Qui sait pardonner tout, même l'ingratitude.
Détestant la rancœur, les procédés vilains,
C'est un preux qui toujours a gardé l'habitude
De semer près de lui l'argent à pleines mains.
A cet homme de bien, laissez-moi rendre hommage,
Laissez-moi saluer mon ancien Député,
Qui ne saura jamais si son aumône est sage,
Et si le sou qu'il donne est toujours mérité !

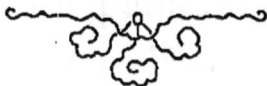

Me PRADELLE

VICE-PRÉSIDENT DU CONSEIL GÉNÉRAL

Salut à l'avocat Pradelle,
Qui sût toujours bien manœuvrer.
Il fait rire en correctionnelle,
En Cour d'assises il fait pleurer !
Lorsque sa voix tonitruante,
Dont tout le monde entend l'écho,
Nous assourdit, toute puissante,
On se croirait à Jéricho !
Il émeut et se transfigure !
Tous les jurés sont empoignés ;
Et vite on lit sur leur figure,
Que ses clients sont acquittés.

L'assassin n'est qu'une victime
Le voleur n'a jamais volé ;
Il est superbe, il est sublime
Dans sa pose il est emballé.
Mais au Conseil de Préfecture,
Il a beaucoup moins de succès,
Il y fait très bonne figure
Sans y gagner tous ses procès.
C'est surtout dans la politique,
Que Pradelle est un fin matois,
Il aime fort la République,
Et ne la croit pas aux abois.
Il la défend et la protège,
Sachant aussi la faire aimer,
Elle est aussi blanche que neige !
Il sait la faire respecter !
Aimable et bon, fort serviable,
Le ventre un peu proéminent,
C'est un parfait convive à table,
Ayant un beau tempérament !
Vous en aurez bientôt la preuve,
Personne n'en sera surpris,
Il sera vainqueur dans l'épreuve
On ne lui connaît pas d'ennemis ;
Et Prayssas, cette immense ville,

Fière d'un Maire peu banal,
L'envoya joyeuse et tranquille,
S'asseoir au Conseil général !

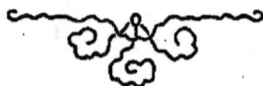

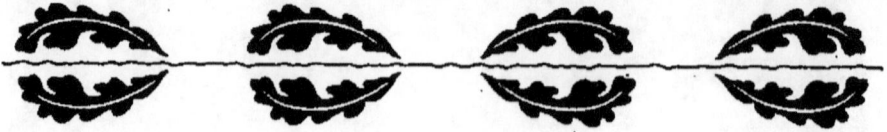

Evariste CARRANCE

J'ai tellement fait de portraits,
Que je me sens à bout de peine,
Mais pour bien retracer tes traits
Je veux reprendre mon haleine !
Celui-ci sera mon dernier ;
Je vais t'administrer ma douche.
Ne pouvant pas te renier,
Je te gardais pour bonne bouche.
Pour chanter tous tes jolis vers,
Et ta prose pleine d'aisance,
Je me sens l'esprit à l'envers,
O bien cher poète Carrance !
Tous tes écrits ont de l'élan,
Et tes figures de la Bible,

Jusques à ton Coriolan
Savent donner joie indicible !
Patriote de grand renom,
J'aime ta France et ta Russie,
Allez demander à Toulon,
Si cette pièce est réussie.
Tu sais montrer un grand talent
Dans tes nombreuses comédies,
Ton esprit pétille, éclatant,
Dans toutes tes grivoiseries !
Qui me font rire chaque fois ;
Elles sont pleines de malices,
De finesse, de sel gaulois,
Et savent faire mes délices.
Ah ! tu détiens tous les records,
Tu créas des romans en masse,
Nourrissant l'esprit et le corps,
Ton ardeur jamais ne se lasse !
La Muse te sourit toujours.
Ton cœur est pur — ton âme intègre,
Tu n'as connu que de beaux jours
Tu travailles comme un vrai nègre !
Tes succès ne sont pas finis.
J'en garde la douce espérance,
A charmer nos yeux éblouis,

Continue, ô bien cher Carrance !
Ton esprit jamais ne s'endort
Tu cultives toutes les branches.
Fais l'histoire d'un second mort,
Quand tu passeras des nuits blanches.
Je mets un terme à ton portrait
Et cours bien vite à ton buffet,
Où si bonne est la nourriture.
Pour faire un léger temps d'arrêt,
En dévorant une friture !

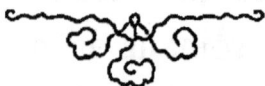

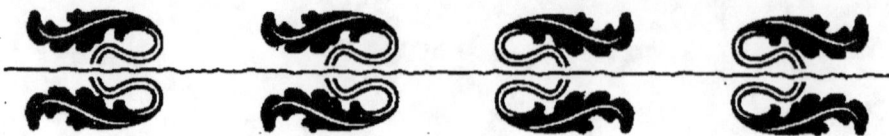

A M. BONNEFOY-SIBOUR

EN TRAITEMENT A L'HOTEL DE LA PROVIDENCE
A CONTREXEVILLE

Monsieur de Laroque-Timbaut
M'annonce que tu fus malade ;
J'en suis tombé tout de mon haut,
Comme un ver dans une salade.
Je te croyais fort bien portant
Et très gai dans la grande ville,
Le bon Dieu m'en réserve autant :
Il me faudrait Contrexeville !
Pourtant, j'aimerais mieux Bignon
Que l'hôtel de la Providence,
Mais je n'ai pas d'argent mignon,

Et mes reins font toujours la danse !
Ils sont en fort mauvais état,
 Et je m'abstiens de tout champagne,
Fais-en autant, mon petit rat.
Filons tous deux pour la campagne,
Dès que des eaux tu reviendras —
Nous y ferons grande abstinence,
Ce sera notre pénitence,
Et nous guérirons, tu verras.
Nous aimions trop la gourmandise,
Et certains péchés capitaux.
Que désormais de nous l'on dise :
Ils ont éteint tous leurs fourneaux.

A mon Ami Albert PICHON

Il est grand, bien mis, mince comme un fil,
Sa barbe soyeuse est fort renommée
Car elle descend jusqu'à son nombril,
Toujours bien peignée et fort parfumée.
Il est Conseiller près de notre Cour
Souvent Président à celle d'Assises,
Pour le contempler tout le monde accourt,
Les places d'assaut sont bien vite prises.
Il est séduisant ! D'un geste élargi
Il impose à tous respect et silence.
Toujours élégant comme Le Bargy,
Il remplit son rôle avec excellence !
Pour le criminel il est plein de soin

Plein d'égard aussi pour dame défense
Les collant au mur, s'il en est besoin,
Avec un grand tact et beaucoup d'aisance.
Comme Président il est sans égal ;
Sachant des débats diriger l'allure,
Je n'en connais pas de plus impartial,
Et faisant à tous meilleure figure.
Quoiqu'il ait franchi cinquante printemps
Il sait bien encor et charmer et plaire.
La vie est pour lui l'éternel printemps !
Etant fort discret, il sait se distraire.
Bon musicien, disant bien les vers,
Son charmant esprit laisse souvent trace
Mettant quelquefois têtes à l'envers,
C'est par dessus tout un homme de race.
Et quoiqu'il n'ait pas un vieux parchemin,
Il a cependant titres à noblesse,
Qui lui feront faire un brillant chemin,
Son tact, son savoir, sa délicatesse.
Quand je l'ai connu, nous étions enfants
Et notre amitié date de Toulouse. —
Aimons-nous Albert, aimons-nous longtemps
Que ta femme, au moins, ne soit pas jalouse.

M. CAMUS S^{te}-FOY

INSPECTEUR DES ENFANTS ASSISTÉS

Allons, morbleu, que l'on s'efface,
Que tout le monde fasse place,
A l'illustre Inspecteur Camus,
Homme si gros qu'il n'en peut plus !
Avec son œil plein de malices,
Sa grande générosité,
Il fait ce qu'il veut des nourrices
Qu'il contemple avec majesté !
Du bas-âge c'est le Mécène !
Il aime fort tous les petiots,
Et vite il fait la grande scène,
Lorsqu'il les trouve un peu pâlots.

Il faut qu'ils aient tous bonne mine,
Qu'ils soient bien frais et bien dispos,
Car autrement il se chagrine,
Sans goûter jamais de repos.
Il gourmande toutes les femmes
Qui des bien-aimés n'ont pas soin,
Ses yeux se remplissent de flammes,
Et les nourrirait au besoin !
Il est d'une ardeur sans pareille
Pour ceux qui lui sont confiés.
Il faut que tout marche à merveille,
Depuis la tête jusqu'aux pieds.
Tous ces enfants font ses délices,
Il est pour eux plein de bonté ;
« La propreté, chères nourrices,
C'est la moitié de la santé. »
Soyez toujours fort vigilantes
A tout laver chez les enfants,
Soyez agiles, caressantes,
Ils vous seront reconnaissants...
Et plus tard, vous verrez des hommes
Qui ne seront pas rabougris,
Ils seront tous ce que nous sommes,
Des gaillards aimant leur pays,

Le Colonel TRUMELET-FABER

MON COMPAGNON DE RÉVISION

———

La moustache en croc, l'esprit en éveil,
C'est un colonel comme je les aime,
Lorsque sonnera l'heure du réveil
Il se montrera le courage même.
Le cœur plein d'espoir et l'âme sans peur,
L'épée au côté, fronçant la paupière,
Il saura gaîment franchir la frontière,
Allégeant ainsi l'ancienne rancœur.
Il lui tarde fort que ce jour arrive,
Ayant trop souffert des maux du passé,
Le navire en mer n'est plus en dérive,
Il s'est bien refait, le cher trépassé.

Il est plein de vie et l'espoir l'inonde,
S'il s'est amarré pour quelques instants,
Il pourrait encor étonner le monde,
Et faire pousser des cris triomphants !
Ah ! qu'il vienne enfin le jour de bataille,
Nous combattrons tous, sur terre et sur mer,
Faisant fi des flots et de la mitraille
Comme le fera Trumelet-Faber.
Ayons comme lui pleine confiance,
Soyons tous unis pour être bien forts,
Et le Monde enfin verra que la France
Sait, quand elle veut, faire des efforts.

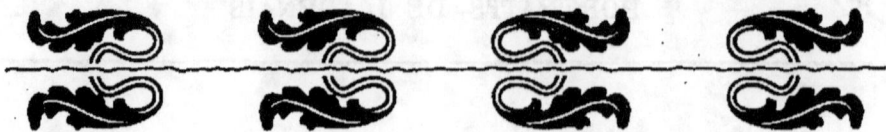

Mes Déjeûners de la Révision

A GRIMARD

CONSEILLER GÉNÉRAL DU PORT

J'ai dit à Grimard, parfait radical :
Votre déjeûner n'est pas d'un fumiste
Et je ne crois pas qu'un opportuniste,
Puisse nous donner un pareil régal !

A CAUMONT

CONSEILLER GÉNÉRAL DE TOURNON

J'ai dit à Caumont, parfait progressiste :
Votre déjeûner était excellent
Et je ne crois pas qu'un socialiste
Puisse nous donner pareil agrément.

A BRUGÈRE

CONSEILLER GÉNÉRAL DE MONFLANQUIN

J'ai dit à Brugère, un conservateur :
Votre déjeûner a fait nos délices,
Et je ne crois pas qu'en pareilles lices,
Un républicain soit jamais vainqueur.

A M. le Préfet BONNEFOY-SIBOUR

LORS DE SA NOMINATION COMME OFFICIER DU MÉRITE AGRICOLE

———

Je ne connais rien de plus beau
Que d'être officier du poireau !
Tu l'as obtenu, ce mérite,
Et bien fort je te félicite,
Car tes titres sont sérieux.
Mais j'en connais de plus fameux
Que ceux que le journal te donne,
N'as-tu pas fait *La Barandonne ?*

BOUTS-RIMÉS

FAITS A MÉZIN

PROPOSÉS EN FIN DE SÉANCE PAR LE COLONEL TRUMELET-FABER

SUR TARTAS

———

Dans des temps reculés, un prophète, un vieux bonze
Alors fort réputé, malin comme Calchas,
Annonça que Mézin garderait dans le bronze
Le buste du sabreur qui s'appela Tartas !

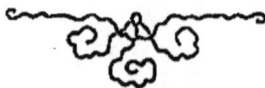

SONGE D'UNE NUIT D'ÉTÉ

Idylle présentée au Concours des Jeux Floraux
en 1868
mentionnée dans le recueil

Dédié à Mme Elvire Ambroise Thomas
ma cousine,
en souvenir du grand Maître.

Des cieux profonds et purs, descends ô nuit d'été !
O rêveuse déesse ! A notre œil enchanté
Fais rayonner l'éclat bleuâtre de ses voiles,
Où, célestes flambeaux, frissonnent les étoiles !
O nuit ! Où le vent d'est, plus rapide et plus frais,
Donne un frémissement aux feuilles des forêts.
Et chassant dans le ciel sous sa légère haleine,
Des nuages plus doux que des flocons de laine,
Fais croire qu'un troupeau divin sur l'horizon

A laissé les débris de sa molle toison !...
Nuit sonore où l'oreille avidemment penchée,
Surprend les bruits lointains d'une source cachée !
Nuit où l'on voit couler sur le chemin des cieux,
Le lait éblouissant de la mère des dieux,
Où les Sylphes, sortant des touffes de bruyères,
Dansent au clair de lune à travers les clairières,
Et vont, comme un essaim d'atômes amoureux,
Se mêler aux rayons de l'astre langoureux !
Nuit où tout est mystère, où l'âme se recueille,
Où l'on écoute tout, jusqu'au bruit d'une feuille
Qui, glissant et tombant de rameaux en rameaux,
Effarouche le daim qui buvait aux ruisseaux !
Nuit où monte parfois douce, lente, voilée,
Du cor mélancolique une note isolée !
Nuit où le cœur étreint éprouve jusqu'au jour
Des aspirations, des tristesses d'amour !
Nuit dont le rossignol enchante le silence !
Cependant que Diane à l'horizon s'élance ;
Mon regard, imprégné de timides lueurs,
Surprend Endymion endormi sur les fleurs !

BIBLIOTHÈQUE NATIONALE
R. F.

AGEN. — Imp. Moderne (Assoc. Ouvrière) C. Victor Hugo 6.

IMPRIMERIE MODERNE (assoc. ouvrière)

64, COURS VICTOR-HUGO, AGEN

www.ingramcontent.com/pod-product-compliance
Lightning Source LLC
LaVergne TN
LVHW022147080426
835511LV00008B/1303